AF596880

El silencio de mis pestañas

El silencio demis pestañas

Poesía romántica

Poesìa de Josè Hèctor Torrez

- **2012**

Ediciones: Salsa con sabor a cuento.

Paso Carrasco, Canelones. UY

salsaconsaboracuentoediciones@gmail.com

ISBN: 978-9974-8745-7-2

Pomelapocha

- **2020**

pomelapocha1@gmail.com

De la presente edición

ISBN: 9798807205834

Pomelapocha

2022

El silencio de mis pestañas

Pomelapocha

NO TEMO

A LA TERNURA

LA PROVOCO

Prólogo

El silencio de mis pestañas, un cuaderno donde se unen el amor y el desamor, primero un conjunto de poemas titulados "Hasta el ultimo de tus poros" y dedicado valientemente a una mujer, luego, "Harapos con diseños de falacia" testos donde se acuna el desamor, y que el poeta no se atrevió a dedicar, por ética. Amor, erotismo, sueños, halagos, una muestra de felicidad, califican al primer grupo de poemas, mientras que los siguientes textos llevan una fina mezcla de agresividad, dolor, sufrimiento, soledad, dudas y esperanzas.

Pomelapocha

Prólogo

[illegible]

A Miriam Rock

Hasta el último de tus poros

Trópico

Siembras el trópico en mis carnes
cuando tu lengua me ofreces
Una parte de mi cuerpo se me escapa
e insiste en ocultarse en ti
y te conviertes en su cómplice
Me quejo
me quejo
me niego a su búsqueda
y en mis piernas encuentro tus ojos
y en mis ojos tus pechos
y en mi cuerpo florece tu cuerpo
alimentado de sudor
No sé si tu sudor o si el mió
pues solo me ocupo de las raíces de tu encanto
que se prenden en mi vientre

Cierro los ojos y veo crecer el placer

con hojas de llanto y color desesperado

Volvemos a entregarnos la mirada

Y un suspiro mutuo lo confirma

Hermoso tu cultivo.

Despues de un beso

Tras repetidas charlas a distancia
la humedad invadió nuestros labios

Un suspiro mutuo se deslizaba
agradecido por mis carnes
conciente de la complicada leyenda
que comenzaríamos a vivir

El deseo vestido de noches
y aparente soledad
exigía nuevos contactos con las estrellas

Tú
como fragmento escapado de la noche
envuelves mi espacio
Con la risa de un niño que recupera su juguete
dibujamos el encanto después de un beso
La mezcla de nuestros sudores

deja manchado el escenario

donde después de un beso

siempre quedamos inconcientes

y al despertar

después de un beso

volvemos a la fantasía.

Como quisiera llorar mis celos

Como quisiera llorar mis celos
y permitirme un café en las nubes
Hay pasos que abandonan su propia sombra
Mientras yo ocupo la sonrisa del viento
Mi mente transforma espinas
Un piropo se desangra y ofrece colores
Tú ignoras los quejidos
y vuelves a mis pisadas
Como quisiera llorar mis celos
Como quisiera llorar
Oculto en la cartera llevo
el tiempo que salva tu desnudez
Prevengo el aroma de pestañas vecinas
golpeando mí canto
y mis labios se ausentan del lugar

Como quisiera llorar mis celos

Como quisiera llorar mis celos.

Idania

Benedetti

bien pudo escribir un poema llamado Idania

Idania bien pudiera reír en mayúscula

pero dio tres pasos equivocados

y se empeña en culpar al tiempo

porque desconoce que los segundos

nunca se detienen en los labios de una mujer

Es ella quien calcula

Y el sacrificio

“Es el vestido mas bello que se puede llevar

para seducir al hombre “

El poemario de Benedetti es un espejo e Idania insiste

en vendarse los ojos y no verse

y cree en la felicidad en minúscula

tan solo por dos poderosas razones…

Los valores tonales califican al día:

Idania trata de refugiarse

en cierta pagina con la teoría del “amor de tarde”

y teme al lector que la convierte en lectura favorita.

Bolero en la noche

Con el egoísmo de los amantes
contratamos sonrisas y evitamos plazas innecesarias
Mis ojos tomaron el color de tu cuerpo
Tus manos bautizaron valientes lazos
El brillo dispersado de un deseo
superaba a las estrellas
Tu voz cabalgaba en mis señales
y sentí el término de tus quimeras
Sentí
la pausa naciente en mis dudas
La luna arrancaba su batuta
y en aquella vasta avenida
resultaban nuestras huellas
Éramos culpables
Trenzamos el bolero de la noche.

Utopía

Ofrecerte mis carnes

no es una utopía

La libertad

Siempre tomó hospedaje

en mi humedad.

A la soledad

Bien pudo la rutina llevar mi peinado diario
La ingenuidad reía ante cada una de mis canas
Cuando quise liberar la cintura de mi faja
el mosaico reclamó la marca de mis huellas
entonces “El amor dañaba al amor”
Tres notas tristes abandonaban el instrumento musical
Un movimiento de reflexión confundido
traía a escena nuevamente a a la soledad
Valiente Julieta que quita a Romeo
el papel protagónico.

Fiel devoto

Apareciste entre pasos cansados y repetidos
y a voluntad de la alegría abandone mi condición de ateo
Mi creencia comenzó en tu mirada como Luna
en cuarto menguante
Creo en el efecto de tu aliento penetrando mis poros
Me arrodillo ante tu encanto
Creo en tus labios sentenciados por mi boca
Creo en tu voz
y en la manera de tu pronunciar mi nombre
Prendo velas e imagino la cena de tu vientre
Creo en tu cuerpo sereno
Pongo flores en tus manos y te agradezco el deleite
de tu piel declamada
Creo en tus piernas discretas y suficientes
Creo en tu andar

Creo en tu sonrisa que controla mis pupilas

Creo en la quietud de tus oídos

y en tu lengua y en el beso que imagino

Te siembro promesas

y me declaro

tu fiel devoto.

Fotografía de Miriam Rock

Cabello de ritmo y gracia

Frente amplia que acumula mis labios

Mirada que invita y te controla

Respiración melódica con la métrica exacta

para llamar al pecado

Atrevida y húmeda

su boca

Dentadura que niega almanaque

Y su piel

color de un suspiro.

Hasta el último de tus poros

Un conjunto de vocales desorganizadas
marca el comienzo de tímidos pasos
dispuestos a sembrar el hambre
en el atrevido lote de tus carnes
Mis dientes escardan en tus labios
y una nube atrapada en tu lengua
permite el ligero baño de mi rostro
Piropos y halagos abonan tus oídos
Mis manos reafirman la fortaleza de tu talle
y reciben la hincada de tus pezones
cual espina que defiende su rosa
Los deseos florecen y un suspiro da la orden:
El polen me abandona
Tú abre los pétalos y atrapas mi obsequio

Se agrava el conflicto entre cultor y cultivo

Mi sonrisa se oculta en el surco de tus piernas

un quejido me delata y me siento obligado a controlar

hasta el último de tus poros

Frases ligeras y repetidas

señalan la perdida de nuestra identidad

Sentimos miedos de mirarnos

de mutuo acuerdo multiplicamos el espacio

y multiplicamos la demanda

comenzamos el juego de los disfraces

Tú llevas un vestido de aparente dolor

con bordados de muda sonrisa

más tienes tiempo para celebrar mi disfraz

El tiempo decide olvidarnos e ignoramos tendencias

Te vuelves exigente y me convierte en un tierno agresor

que teme no lograr su conquista

Me alientas y persisto

Persisto y me alientas

Tú vuelves a dar la orden: La estocada final

y en mí reencarna sucre

y en mi organismo se organiza la ideal estrategia

"Me muestro vencido"

y al final

levantamos la copa

de nuestro triunfo.

Harapos con diseños de falacia

Soy

Soy un hombre dueño quimeras

Incapaz de usurpar la silla del galán de tus fantasías

El juego de las entregas lo gozo

El tiempo no me consiente señalar culpables

Si yerro adecuo el silencio de mis pestañas

En oídos intrusos mis labios no pintaran tus defectos

ni aun cuando tus inseparables me nieguen la sonrisa

Quizás y te aventures a olvidar mi boca

Yo, declaro mi temor

mi incapacidad a arrinconar tu hechizo

Soy un hombre dueño quimeras

incapaz de usurpar la silla del galán de tus fantasías

El juego de las entregas lo gozo

Y sé que en tu viento no volaran halagos

Sé que en tu viento las ansias no cabalgan

Soy un hombre inevitablemente cursi

No logro ubicar tras los cerrojos la frase inocente

La clásica frase de Cupido

Te amo.

Mi cuadro

Ambicionaron tus pinceles
destellar en el lienzo de su alma
el mito de un ingrato agresor
La tela se negó al dibujo
Porque ese hombre traslada un corazón
tan repleto de sueños y esperanzas
que le restan nervios para dañar el suspiro vecino
No hay color que mancille pasos inocentes
La ilusión transita sólo cuando hay amor
si hay tiempo para fantasear caricias
Justificar errores si de latidos se habla es cobarde
El amor siempre agasajará su traje de gala
con tejidos de sufrimientos
solo por poco tiempo y en contra de su voluntad
llevará harapos con diseños de falacia

El mundo de los colores es la única comunidad
do todo lo que se muestra es innegable
y quien se regocija con la presencia de cintos en su cintura
no anida frases ni gestos hirientes para la mujer que ama
Tal vez pintar un hombre exigente, sumamente exigente
y con los bolsillos casi repletos de culpas
hubiese sido un cuadro comerciable
Para pintar la violencia en un ser que delira y desea
hay que conocer los matices de la vida
Y el falso galán según tu boceto es violento
Terriblemente violento
… Te faltaron colores para teñir su viveza
Su violencia es con la sordidez
con la mentira
el desamor
violento con la indiferencia
Y también es débil

débil ante una sonrisa

débil ante la verdad

débil ante la comprensión

débil ante tus propios errores

si tuvieses la capacidad de amarlo.

La culpa

Maldita culpa que me condena

e insiste en negar la libertad del deseo

y la inocencia de mis pasos

me confina en la rutina

y lo bello niega su aroma

y lo feo engaña al asombro

Maldita culpa

Maldita culpa

que me obliga a proteger imposibles

donde moran caprichos

y la mirada dibuja cuatro paredes

y mis piernas sostienen la fatiga

y un llanto quiere ser escuchado

y los insultos florecen

y desaparecen los motivos

y se fortalecen las culpas

y maldita sea la culpa

y maldita sea

maldita sea

Soy inocente

y seguiré amando.

El derecho de Adán

Exijo mi derecho al error
mi derecho a los sueños
mi derecho a nublar los días
mi derecho al lamento
Exijo las vivencias de mi rol de cupido
con sus jornadas de engaños
y sus puestas en escenas
consiente de que no siempre cargaré aplausos
consiente de que existirán funciones
donde no se transferirá boleto alguno
Exijo mi cupo de dolencia y pesadumbre
reclamo mis noches de dudas
mi regaño a la mesa a la hora de la cena
Exijo el alivio limpio de los amigos
y la burla de quien sea feliz con ello

todo lo exijo y lo llevaré en mi bolsillo

mientras no acierte a mi Eva.

Triste y arrepentido

Consiento radiante tu laudo
si tan solo revela una anónima pasión
si tu corazón ubica la obra
cierta de la ética del sentimiento
Solo si tercera risa gana más elegancia
que mi imperecedero sueño
eximo el cúmulo de tus farsas
acepto mi abundancia en el dolor
y quedo dispuesto a andar
aun con el corazón rasgado
Saber que el amor de mi vida
es feliz porque ama
me resulta bello
Si tu ausencia es solo la solución
de silenciar penurias

entonces si sería un hombre

ineludiblemente triste y arrepentido

de haber amado a la nada.

Qué pena

Ya sé que de mi se ríen

por las tantas mañanas

mañanas con sus tardes

que elaboraban artificios

y apariencias

por las noches fingidas

debajo de mis caderas

Ya sé que de mi se ríen

por mi obediente instancia

y mis creencias en posibles

por los tantos relámpagos

sin tus caricias

De mi se ríen

se ríen por los clásicos minutos

en que comerciaron contemplaciones

aun delante de mi oportunos sentido

Se ríen

Se ríen y se ríen

Que dispendio de energía

Que consumo en burlas

y no distinguen…

Fui a tu cama con amor

Él te besa a ocultas

y paga y paga

por la ternura que no sienten.

Pesadilla

I

En el viento despediste

todos tus sueños

por el temor de despertar

y sentir mi distancia

II

Disimulas evocaciones

por evitar el drama

de una lágrima

III

No te invitas al espejo

para no aceptar el fracaso

IV

Te escudas de rencor

por el peso de tu conciencia

V

Te niegas a besarme

por el miedo de sentir

que aun me amas.

En tu bolso

Decretaste tu partida
y en tu bolso existen mis reclamos
en tu bolso
pasea mi sonrisa devastada
y el anhelo de otro examen
En tu bolso
corre la certeza de mi razón
dispuesta a enmudecer
por un nuevo beso
El corazón es así
Venda sus pupilas
y percibe el pulcro entono
de sus propios latidos.

El amor

El amor es
Candelabro que codicia
y todos gozan el preludio
Si se niega a destellar
emprenden los tropiezos
se disipan los colores

Los enamorados
exhiben inseparables sueños
Todo le es color gemido
No atinan increíbles
Se fían tanto
que no reflexionan
con el registro de la rutina
quien cautiva al amor

Y el amor se va

y no marcha solo

con el parten los valores

y las esperanzas

Se va la ilusión

y una próxima mirada

…Genial el momento

en que permanece

el deseo de un retorno.

Al universo

Negar mi golpe

mis lágrimas

y desvelos

no es sabio

Aborrecerte

por la sentencia

del cambio de tus huellas

Aborrecerte

seria ingrato

Olvidar

Olvidar que alguna vez

me pensé el hombre más feliz

Olvidar que tuve una Reina

… Cobarde seña

Perdonar tus errores

yo que no fui perfecto

Yo

¿Que tendría que perdonar?

Solo a ti pertenece

intimar con el universo

y agradecerle

que te enseñe a amar.

Datos del auror

José Héctor Pomelapocha (9-10-1964) La Hata, Guanabacoa. La Habana. Narador oral, locutor, estatua viviente, artezano. Cuenta con el Titulo Honorario "Embajador Universal de la cultura" Ha publicado Saltar entre nubes, Fiesta de orishas, Habana, Y solo al inclinarme. (Poesía) Testimonio de una estatua viviente. (Testimonio) Cuentos que cuento. (literatura infantil)

Con su arte a recorrido Argentina, Uruguay, República Dominicana, Perú, Brasil, Bolivia, Chile y Paraguay. Hoy vive en la díaspora.

Índice

Harapos condiseños de falacia

www.ingramcontent.com/pod-product-compliance
Lightning Source LLC
LaVergne TN
LVHW020043170826
845678LV00001B/409